大家小小书

篆刻　程方平

中国历史小丛书

新编历史小丛书

新编历史小丛书

梁启超

郑振铎 著

北京出版集团公司
北京人民出版社

目　　录

一　引子

梁先生在文坛上活动了三十余年，从不曾有一天间断过。他所亲炙的弟子当然不在少数；而由他而始“粗识文字”，粗知世界大势以及一般学问上的常识的人，当然更是不少。梁先生今年还只五十六岁，正是壮年的时代；有的人因为他在文坛上活动的时候很久，便以为他已是一位属于过去时代的老将了，其实他却仍是一位活泼泼的足轻力健、紧跟着时代走的壮汉呢。不幸这位壮汉却于今年正月十九日逝去了！这个不幸的消息，使我惆怅了许久！我们真想不到这位壮汉会中途而永息的，我不想做什么应时的文字，然而对于梁任公先生，我却不能不写几句话——虽然写的人一定很不少——我对于他实在印象太深了。

他在文艺上，鼓荡了一支像生力军似的散文作家，将所谓恹恹无生气的桐城文坛打得个粉碎。他在政治上，也造成了一种风气，引导了一大群的人同走。他在学问上，也有了很大的劳绩；他的劳绩未必由于深湛的研究，却是因为他将学问通俗化了，普遍化了。他在新闻界上也创造了不少的模式；至少他还是中国近代最好的、最伟大的一位新闻记者。许多学者，其影响都是很短促的，廖平过去了，康有为过去了，章太炎过去了，然而梁任公先生的影响，我们则相信他尚未至十分地过去——虽然已经绵延了三十余年。许多学者、文艺家，其影响与势力往往是狭窄的，限于一部分的人，一方面的社会，或某一个地方的，然而梁任公先生的影响与势力，却是普遍的，无远不届的，无地不深入的，无人不受到的——虽然有人未免要讳言之。

对于与近三十年来的政治、文艺、学术界有那末深切关系，而又有那末普遍、深切的影响与势力的梁任公先生，还不该有比较详细的研究么？

二　生平与著述

说到一个人的生平，他自己的话，当然是最可靠的。在冠于第一次出版的，即当梁任公先生三十岁那一年出版的《饮冰室文集》之前，有他的一篇《三十自述》。在这一篇自述里，已将他自己的一个很重要的活动时期，即三十岁以前，办《时务报》，时务学堂，公车上书，戊戌政变，刊行《新民丛报》、《新小说》的一个时期的事迹叙述得颇为详细了。本文仅就之而作一番的简节复述而已。三十以后的事迹也多半采用他自己的叙述。又他的《清代学术概论》也略有叙述到他自己的地方。

梁任公先生名启超，字卓如，别署饮冰室主人，任公是他的号。父名宝瑛，字莲涧，母赵氏。他为中国极南部的一个岛民，即广东新会的熊子乡。熊子乡是正当西江入海之冲的一个岛。他生于同治十二年癸酉正月二十六日，正是中国受外患最危急的一个时代；也正是西欧的科学、文艺以排山倒海之势输入中国的时代；一切旧的东西，自日常用品以至社会政治的组织，自圣经旧典以至思想、生活，都渐渐地崩解了，被破坏了，代之而起的是一种崭新的外来的东西。梁氏恰恰生于这一个伟大的时代，为这一个伟大时代的主角之一。梁氏四五岁时，“就王父及母膝下授四子书、《诗经》，夜则就睡王父榻，日与言古豪杰、哲人嘉言懿行，而尤喜举亡宋、亡明国难之事，津津道之。六岁后，就父读，受中国略史，五经卒业。八岁学为文，九岁能缀千言。十二岁应试学院，补博士弟子员。日治帖括，……顾颇喜词章。王父父母时授以唐人诗，嗜之过于八股。……父慈而严，督课之外，使之劳作。言语举动稍不谨，辄呵斥，不少假借。常训之曰：‘汝自视乃如常儿乎？’……十三岁始知有段、王训诂之学，大好之。”十五岁，母死。其时肄业于广东省城的学海堂。学海堂是阮元在广东时所设立的。他沉酣于乾嘉时代的“训诂、词章”的空气中，乃决舍帖括而有意训诂、词章。十七岁，梁氏举于乡。第二年，他的父亲偕他一同赴京会试。李端棻以他的妹子许字给他。下第归，过上海，从坊间购得《瀛环志略》读之，乃知有所谓世界。这一年的秋天，他和陈千秋同去拜谒康有为。这是梁氏与康氏的第一次的会面，也即是使梁氏的生活与思想起了一个大变动的一次重要的会面。梁氏在《三十自述》里曾有一段话提到这一次的会面情形，很足以动人：

> 于是乃因通甫（即千秋）修弟子礼事南海先生。时余以少

年科第，且于时流所推重之训诂词章学，颇有所知，辄沾沾自喜。先生乃以大海潮音，作狮子吼，取其所挟持之数百年无用旧学，更端驳诘，悉举而摧陷廓清之。自辰入见，及戌始退。冷水浇背，当头一棒，一旦尽失其故垒，惘惘然不知所从事。且惊且喜，且怨且艾，且疑且惧，与通甫联床，竟夕不能寐。明日再谒，请为学方针。先生乃教以陆王心学，而并及史学西学之梗概。自是决然舍去旧学，自退出学海堂，而间日请业南海之门。生平知有学自兹始。

第二年，康有为开始讲学于广东省城长兴里的万木草堂。康氏讲述中国数千年来学术源流，历史政治，沿革得失，取万国以比例推断之。梁氏与诸同学日札记其讲义。他自己说，他“一生学问之得力，皆在此年”（《三十自述》）。康氏著《新学伪经考》时，他从事校勘。康著《孔子改制考》时，他从事分纂。这一年十月，梁氏入北平，与李氏结婚。第二年，他的祖父病卒。自此，学于万木草堂中凡三年。然梁氏虽服膺康氏，却也并不十分赞同他的主张。“治《伪经考》，时复不慊于其师之武断，后遂置不复道；其师好引纬书，以神秘性说孔子，启超亦不谓然。”（《清代学术概论》

一百三十八页）

甲午，梁氏年二十二，复入北平，“与京国所谓名士者多所往还。”（《三十自述》）“而其讲学最契之友，曰：夏曾佑，谭嗣同。曾佑方治龚（自珍）刘（逢禄）今文学，每发一义，辄相视莫逆。……嗣同方治王夫之之学，喜谈名理，谈经济，及交启超，亦盛言大同，运动尤烈。而启超之学，受夏、谭影响亦至巨。”（《清代学术概论》一百三十九页）本年六月，中日战事起，梁氏惋愤时局，时有所言，却不见有什么人听信他。他因此益读译书，研究算学史地，明年，和议成。他代表广东公车百九十人，上书陈时局。康有为也联合公车三千人，上书请变法。梁氏亦从其后奔走。这一次可以说是梁氏第一次的政治运动。七月，北平创立强学会，梁氏被委为会中书记员。不三月，强学会被封。第二年，黄遵宪在上海办《时务报》，以书招梁氏南下。他便住在上海，专任《时务报》的撰述之役。他的报馆生活实开始于此时。著《变法通议》，以淹贯流畅，若有电力足以吸住人的文字，婉曲地表达出当时人人所欲言而迄未能言或未能畅言的政论。这一篇文字的影响，当然是极大。像那样不守家法，非桐城，亦非六朝，信笔取之而又舒卷自如，雄辩惊人的崭新的文笔，在当时文坛上，耳目实为之一新。丁酉十月，陈宝箴、江标，聘他到湖南，就时务学堂讲席。这时，黄遵宪恰官湖南按察使，谭嗣同亦归湘助乡治。湖南人才称极盛。不久，德国割据胶州湾事起，这更给他们以新的刺激。时务学堂学生仅四十人；而于这四十人中，在后来政治上有影响的却很不少。助教唐才常为第一次起义于汉口而不成的主动者。学生蔡锷则为起师云南推覆袁氏帝制的一位最重要的主角。在那时，梁氏每日在讲堂四小时，夜则批答诸生札记，每条或至千言，往往彻夜不寐。所言皆当时一派之民权论，又多言清代故实，胪举失政，盛倡革命；其论学术则自荀卿以下汉唐、宋、明、清学者“掊击无完肤”。及年假，学生各回故乡，出札记示亲友。全湘大哗。反动的势力便一时蜂起。叶德辉编《翼教丛编》，张之洞著《劝学篇》，皆系对于梁氏及康氏、谭氏诸人的言论加以掊击的。当时的康梁，谈者几视之与“洪水猛兽”同科。

明年戊戌，梁氏年二十六。春大病几死，出就医上海。病愈，更入北京。时康有为方开保国会，梁氏多所赞画奔走。四月，以徐致靖之荐，被召见，命办大学堂译书局事务。“时朝廷锐意变法，百度更新。南海先生深受主知，言听谏行。复生（谭嗣同）、暾谷（林旭）、叔峤（杨锐）、裴村（刘光第），以京卿参预新政。”（《三十自述》）梁氏亦在其中有所尽力。在这个时候，又遇到一个极大的反动；康氏诸行新政者，以德宗为护法主；旧势力却投到西太后那里去。双方怒目而视，如箭在弦上，一触即发。恰巧有一个御史，胪举梁氏札记批语数十条指斥清室鼓吹民权的，具折揭参。于是，卒兴大狱。谭、林等六君子于八月被杀。德宗被幽禁。康有为以英人的仗义出险。梁氏亦设法乘日本大岛兵舰而东。梁氏的第一期政治生活遂告了一段落。以后便入了一个以著述为生的时期了。他的影响也以这个第一期的著述时代或《清议报》、《新民丛报》时代为最大。十月，与横滨商人，创刊《清议报》，仍以其沛沛浩浩若有电力的热烘烘的文字鼓荡着，或可以说是主宰着当时的舆论界。自此，居日本一年，“稍能读东文，思想为之一变”。盖因东籍的介绍，对于近代、古代的欧洲思想与政治，很觉得了然，而对于中国的学术历史，也突然地另感到了一种与前全异的新的研究方法。以后发表于《新民丛报》中的许多学术论文，皆可以说是受了东籍的感应力的产品。己亥冬天，美洲的中国维新会招他去游历。道过夏威夷岛，因治疫故，航路不通，留居在那里半年。庚子六月，正欲赴美，而义和团运动已大起，北方纷扰不堪。梁氏便由夏威夷岛复向西而归。至日本，闻北京失守。至上海时，又知汉口难作，唐才常等皆已被杀。他便匆匆地复由上海过香港，至南洋，经印度，到澳洲。居澳洲半年，复回日本。自此以后便又进入了著述的时代了，这个时代便是《新民丛报》的时代。于《新民丛报》外，复创刊《新小说》。“述其所学所怀抱者，以质于当世达人志士，冀以为中国国民遒铎之一助。”（《三十自述》）这个时代，自壬寅（一九〇二）至辛亥（一九一一），几历十年，中间惟丙午（一九〇六）及己酉（一九〇九）二年所作绝少。其余几年则所写著作极为丰富，实可谓名副其实的大量生产者。在这个时代，他的影响与势力最大。一方面结束了三十以前的作品，集为《饮冰室文集》，一方面则更从事于新方面的努力与工作。除了少数的应时的时事评论及著作《开明专制论》等等，力与当时的持共和论者相搏战之外，他的这几年来的成绩，可分为六方面：

第一方面，是鼓吹宣传“新民”之必要，欲从国民性格上加以根本的改革，以为政治改革的入手。他知道没有良好的国民，任何形式的政体都是空的，任何样子的改革也都是没有好结果的。于是他便舍弃了枝枝节节的“变法论”、“保皇论”，而从事于《新民丛报》的努力；所谓《新民丛报》，盖即表示这个刊物是注重在讲述“新民之道”的。他在这个报上，一开头便著部《新民说》，说明：“国也者，积民而成。国之有民，犹身之有四肢五脏，筋脉血轮也。未有四肢已断，五脏已瘵，筋脉已伤，血轮已涸，而身犹能存者，则亦未有民愚陋怯弱，涣散混浊，而国犹能立者。故欲其身之长生久视，则摄生之术不可不明；欲其国之安富尊荣，则新民之道不可不讲。”以后便逐渐地讨论到“公德”、“国家思想”、“进取冒险”、“权利思想”、“自治”、“自由”、“进步”、“自尊”、“合群”、“生利分利”、“毅力”、“义务思想”、“私德”、“民气”等，很有几点是切中了我们的古旧民族的劣根性病的。他如大教主似的，坐在大讲座上，以狮子吼，作唤愚启蒙的训讲。庚戌年（一九一〇）创刊《国风报》时，他又依样的以《说国风》冠于首，说明“国风之善恶，则国命之兴替所攸系也”，而思以文字之力，改变几千年来怯懦因循的国风。

第二方面，是介绍西方的哲学、

经济学等等的学说；所介绍的有霍布士、斯片挪莎、卢梭、培根、笛卡儿、达尔文、孟德斯鸠、边沁、康德诸人。他的根据当然不是原著，而是日本人的重述、节述或译文。然因了他文笔的流畅明达，国内大多数人之略略能够知道培根、笛卡儿、孟德斯鸠、卢梭诸人的学说一脔的，却不是由于严复几个翻译原作者，而是由于再三重译或重述的梁任公先生。这原因有一大半是因为梁氏文章的明白易晓，叙述又简易无难解之处，也有一小半因为梁氏的著作流传的范围极广。我常常觉得很可怪：中国懂得欧西文字的人及明白欧西学说的专门家都不算不少，然而除了严复、马建忠等寥寥可数的几位之外，其他的人每都无声无息过去了，一点也没有什么表现；反是几位不十分懂得西文或专门学问的人如林琴南、梁任公他们，倒有许许多多的成绩，真未免有点太放弃自己的责任了；林、梁诸人之视他们真是如巨人之视婴儿了！即使林、梁他们有什么隔膜错误的地方，我们还忍去责备他们么？而林、梁之中，林氏的工作虽较梁氏多，梁氏的影响似乎较他为更大。

第三方面，是运用全新的见解与方法以整理中国的旧思想与学说。这样的见解与方法并不是梁氏所自创的，其得力处仍在日本人的著作。然梁氏得之，却能运用自如，加之以他的迷人的叙述力，大气包举的融化力，很有根柢的旧学基础，于是他的文章便与一班仅仅以转述或稗贩外国学说以论中国事物的人大异。他的这些论学的文字，是不粘着的，不枯涩的，不艰深的；一般人都能懂得，却并不是没有内容，似若浅显袒露，却又是十分的华泽精深。他的文字的电力，即在这些论学的文章上，仍不会消失了分毫。这一方面重要的著作是：《论中国学术思想变迁之大势》、《子墨子学说》、《中国法理学发达史论》、《国文语原解》、《中国古代币制考》等。在其中，《论中国学术思想变迁之大势》一作尤为重要；在梁氏以前，从没有过这样的一部著作发见过。她是这样简明扼要地将中国几千年来的学术加以叙述，估价，研究；可以说是第一部中国学术史（第二部至今仍未有人敢于着手呢），也可以说是第一部的将中国的学术思想有系统地整理出来的书。虽有人说她是肤浅，是转贩他人之作，然作者的魄力与雄心已是十分地可敬了。此作共分七部分：一，总论；二，胚胎时代；三，全盛时代；四，儒学统一时代；五，老学时代；六，佛学时代；七，近世之学术。梁氏在十余年之后，更欲成中国学术史的大著，为深一层的探讨，惜仅成一部分——《清代学术概论》——而止。今梁氏亡矣，这部伟大著作是永没有告成的希望了。

第四方面，是研究政治上经济上的各种实际的问题。在这个时候，梁氏的政论，已不仅是宣传鼓吹自己的主张，或攻击、推翻古旧的制度而已，这样的时代，即著《变法通议》的时代，已经过去了；他现在是要讨论实际上的种种问题以供给所谓“建设时代”的参考了。所以他一方面介绍各国的实例，一方面讨论本国的当前问题。在这些问题中，关于政治的，以宪法问题为中心；关于经济的，以货币、国债问题为中心。这些问题，都是那个时代的举国人民所要着眼的问题。关于前者，他著有《论政府与人民之权限》（壬寅），《外官制私议》（庚戌），《立宪法议》（庚子），《论立法权》（壬寅），《责任内阁释义》（辛亥），《宪政浅说》（庚戌），《中国国会制度私议》（庚戌）及《各国宪法异同论》（己亥）诸作。关于后者，他著有《中国国债史》（甲辰），《中国货币问题》（甲辰），《外资输入问题》（甲辰），《改盐法议》（庚戌），《币制条议》（庚戌），《外债平议》（庚戌）诸作。

第五方面，是对于历史著作的努力。梁氏的事业，除了政论家外，便始终是一位历史家。他的对于中国学术思想的研究也完全是站在历史家的立场上的。他一方面攻击旧式历史的纰缪可笑，将历来所谓“史学”上所最聚讼的问题，如“正统”，如“书法”等等，皆一切推翻之，抹煞之，以为不成问题。他以为：所谓历史，不是一姓史、个人史，也不仅仅是铺叙故实的点鬼簿、地理志而已；历史乃是活泼泼的，乃是“叙述人群进化之现象，而求得其公理公例者也”，乃是供“今世之人，鉴之裁之，以为经世之用也”。在这一方面，他著有《新史学》（壬寅），《中国史叙论》（辛丑）等。他又在第二方面，写出许多的史书、史传来，以示新的历史，所谓“使今世之人，鉴之裁之”的历史的模式。这一方面的著作有《中国专制政治进化史论》（壬寅），《历史上中国民族之观察》，《南海康先生传》（辛丑），《李鸿章》（辛丑），《张博望班定远合传》（壬寅），《赵武灵王传》、《袁崇焕传》（甲辰），《中国殖民八大伟人传》（甲辰），《郑和传》（乙巳），《管子传》（辛亥），《王荆公传》，《匈牙利爱国者噶苏士传》（壬寅），《意大利建国三杰传》、《雅典小史》、《朝鲜亡国史略》（甲辰）等等，都是火辣辣的文字，有光有热，有声有色的；决不是什么平铺直叙的寻常史传而已。

第六方面，是对于文学的创作。梁氏在这十年中，不仅努力于作史著论，即对于纯文艺，也十分地努力。他既发刊《新小说》，登载时人之作品，如《我佛山人的痛史》、《二十年目睹之怪现状》、《九命奇冤》，以及苏曼殊诸人的翻译等等。他自己也有所作，如《新中国未来记》、《世界末日记》（此为翻译）、《十五小豪杰》（此亦为翻译）等；又作传奇数种，如《劫灰梦传奇》，《新罗马传奇》、《侠情记传奇》，虽皆未成，却已传诵一时。他的诗词也以在这个时间所作者为特多。又有诗话一册，亦作于此时。他对于小说的势力是深切地认识的，所以他在《论小说与群治之关系》一文中，说起：

> 欲新一国之民，不可不先新一国之小说。故欲新道德，必新小说；欲新宗教，必新小说；欲新政治，必新小说；欲新风俗，必新小说；欲新学艺，必新小说；乃至欲新人心，欲新人格，必新小说。何以故？小说有不可

思议之力支配人道故。

小说之支配人道，有四种力，一是熏，“熏也者，如入云烟中而为其烘，如近墨朱处而为其所染”。二是浸，“浸也者，入而与之俱化者也”。三是刺，“刺也者，能入于一刹那顷，忽起异感而不能自制者也”。四是提，“前三者之力，自外而灌之使入，提之力自内而脱之使出”。他既明白小说的感化力如此地伟大，所以决意便于《新民丛报》之外复创刊《新小说》，然《新小说》刊行半年之后，梁氏的著作却已不甚见。大约他努力的方面后来又转变了。

这十年，居日本的十年，可以说

是梁氏影响与势力最大的时代；也可以说是他最勤于发表的时代。我们看民国十四年（乙丑）出版的第四次编订的《饮冰室文集》里，这十年的作品，竟占了一半有强。

《新民丛报》与《新小说》创刊的第二年（一九〇三），梁氏曾应美洲华侨之招，又作北美洲之游。这一次却不曾中途折回。他到了北美合众国之后，随笔记所见闻，对于"美国政治上、历史上、社会上种种事实，时或加以论断"。结果便成了《新大陆游记》一书。

在这一个时期内，还有一件事足记的，便是从戊戌以后，他与康有为所走的路已渐渐地分歧，然在表面上还是合作的。到了他在《新民丛报》上发表了一篇《保教非所以尊孔论》后，便显然地与康氏背道而驰了。他自己说："启超自三十以后，已绝口不谈'伪经'，亦不甚谈'改制'；而其师康有为大倡设孔教会，定国教祀天配孔诸议，国中附和不乏，启超不谓然，屡起而驳之。"（《清代学术概论》二百四十三页）世人往往以康梁并称，实则梁氏很早便已与康氏不能同调了。他们两个人的性情是如此的不同；康氏是执着的，不肯稍变其主张，梁氏则为一个流动性的人，往往"不惜以今日之我，难昔日之我"，不肯故步自封而不向前走去。

辛亥（一九一一）十月，革命军

起于武昌，很快地便蔓延到江南各省。南京也随武昌而被革命军所占领。梁氏在这个时候，便由日本经奉天而复回中国。这时离他出国期已经是十四年了。因为情势的混沌，他曾住在大连以观变。南北统一以后，袁世凯就任临时大总统，以司法次长招之。梁氏却不肯赴召。这时，国民党与“进步党”（民元时代名共和党）的对峙情形已成。袁氏极力地牵合进步党，进步党也倚袁氏以为重。梁氏因与进步党关系密切，便也不得不与袁氏连合。他到了北京与袁氏会见。会见的结果，却使他由纯粹的一位政论家一变而为实际的政治家。自此以后，他便过着很不自然的政治家生活，竟有七年之久。这七年的政治生活时代是他的生活最不安定的时代，也是他的著述力最消退，文字出产量最减少的时代。这个时代，又可分为三期：

第一期是与袁世凯合作的时代。癸丑（一九一三）熊希龄组织内阁，以梁氏为司法总长；这是戊戌以后，他第一次地踏上政治舞台。这一次的内阁，即所谓“名流内阁”者是。然熊氏竟无所表现，不久竟倒。梁氏亦随之而去，这一次的登台，在梁氏可以说是一点的成绩也没有。然他却并不灰心，也并未以袁世凯为不足合作的人。他始终要立在维持现状的局面之下，欲有所作为，欲有所表现，欲有所救益。这时，最困难的问题便是财政问题。梁氏在前几年已有好几篇关于财政及币制的文章发表（这时他的文章多发表在《庸言报》上），这时更锐然欲有以自见，著《银行制度之建设》等文，发表他的主张。进步党的《中华民国宪法草案》也出于他的手笔。袁世凯因此特设一个币制局，以他为总裁（一九一四），俾他能够实行他的主张。然梁氏就任总裁之后，却又遇到了种种的未之前遇的困难；他的主张一点也不能施行。实际问题与理论竟是这样地不能调合。结果，仅获得《余之币制金融政策》一篇空文，而不得不辞职以去。自此，他对于袁氏方渐渐地绝望了，对于政治生涯也决然地生了厌恶、舍弃之心。他写了一篇很深痛的宣言，即：吾今后所以报国者，极恳挚地说明，他自己是很不适宜于实际的政治活动的。他说："夫社会以分劳相济为宜，而能力以用其所长为贵。吾立于政治当局，吾自审虽早作夜思，鞠躬尽瘁，吾所能自效于国家者有几？夫一年来之效既可睹矣。吾以此心力，转而用诸他方面，安见其所自效于国家者，不有以加于今日！"他更决绝地说道："故吾自今以往，除学问上或与二三朋辈结合讨论外，一切政治团体之关系，皆当中止。乃至生平最敬仰之师长，最亲习之友生，亦惟以道义相切劘，学艺相商榷。至其政治上之言论行动，吾决不愿有所与闻，更不能负丝毫之连带责任。非孤僻也，人各有其见地，各有其所以自信者。虽以骨肉之亲，或不能苟同也。"他这样地痛切地悔恨着过去的政治生涯，应该再度地入于"著述时代"了。然而正在这个时候，一个大变动的时代却恰恰与他当面。欧战在这时候发生了；继之而中日交涉勃起，日本欲乘机在中国获得意外的权利；继之而帝制运动突兴，袁世凯也竟欲乘机改元洪宪，改国号中华帝国，而自为第一代的中华帝国的皇帝。种种大事变紧迫而来，使他那么一位敏于感觉的人，不得不立刻兴起而谋所以应付之。于是他便又入于第二期的政治生涯。

第二期是"护国战役"时代。他对于欧战，曾著有《欧洲大战史论》一册；后主编《大中华月刊》，便又著《欧战蠡测》一文。更重大的事件，中日交涉，使他与时人一样地受了极大的刺激。他接连在《大中华》上写着极锋利极沉痛的评论，如《中日最近交涉平议》，《解决悬案耶新要求耶》，《外交轨道外之外交》，《交涉乎命令乎》，《示威耶挑战耶》诸作。及这次交涉结束之后，他又作《痛定罪言》，《伤心之言》二文。他不曾作过什么悲苦的文字，然而这次他却再也忍不住了！他说道："吾固深感厌世说之无益于群治，恒思作壮语留余望以稍苏国民已死之气。而吾乃时时为外境界所激刺，所压迫，几于不能自举其躯。呜呼！吾非伤心之言而复何言哉！"（《伤心之言》）

更重大的事件帝制运动，又使他

受了极大的刺激。他对于这次的刺激，却不仅仅以言论而竟以实际行动来应付他了。帝制问题其内里的主动当然是袁世凯，然表面上则发动于古德诺的一篇论文及筹安会的劝进。这是乙卯（一九一五）七月间的事。梁氏便立刻著《异哉所谓国体问题者》一文，发表于《大中华》。梁氏在十年前，原是君主立宪论的主持者，然对于这次的政体变更，却期期以为不可。他的理由在《异哉所谓国体问题者》里说得又透彻，又严肃，又光明，又讥诮。他以为自辛亥八月以来，未及四年而政局已变更了无数次，“使全国民彷徨迷惑，莫知适从”。作帝制论者何苦又“无风鼓浪，兴妖作怪，徒淆民视听，而贻国家以无穷之戚”，并为袁氏及筹安会诸人打算利害，以为此种举动是与“元首”以不利的。当时他亦“不敢望此文之发生效力。不过因举国正气销亡，对于此大事无一人敢发正论，则人心将死尽，故不顾利害死生，为全国人代宣其心中所欲言之隐耳”。（以上引文皆录自《盾鼻集》）他的此文草成未印时，袁氏已有所闻，曾托人以二十万元贿之。梁氏拒之，且录此文寄袁氏。未几，袁氏又遣人以危辞胁喝他，说：“君亡命已十余年，此种况味亦既饱尝，何必更自苦。”梁氏笑道：“余诚老于亡命之经验家也。余宁乐此，不愿苟活于此浊恶空气中也。”来的人语塞而退。这时，梁氏尚住在天津。他的从前的学生蔡锷，革命后曾任云南都督，这时则在北平。于是梁、蔡二氏便密谋实际上的反抗行动。在天津定好种种军事计划，决议：云南于袁氏下令称帝后即独立。二人并相约："事之不济，吾侪死之，决不亡命。若其济也，吾侪引退，决不在朝。"他们便相继秘密南下。蔡氏径赴云南，梁氏则留居上海。这一年十二月，云南宣布独立，进攻四川。广西将军陆荣廷则约梁氏赴桂，同谋举义事。他说道："君朝至，我夕即举义。"许多人皆劝梁氏不要冒险前去，然他却不顾一切地应召而去。丙辰（一九一六）三月，梁氏由安南偷渡到桂，时海防及其附近一带铁路，袁政府的侦探四布。梁氏避匿山中，十日不乘火车，而间道行入镇南关。至则广西已独立。不久，广东亦被迫而独立。然广东局面不定，梁氏冒险去游说龙济光，几乎遇害。两广局面一定，他便复到上海，从事于别一方面的活动。这时才知道他的父亲宝瑛，已于他间道入广西时病殁了。这时，情形已大为转变。浙江、陕西、湖南、四川诸省皆已独立；南京的冯国璋也联合长江各省谋反抗。正在这个时候，袁世凯忽然病死。于是这次的“护国战争”便告了结束。黎元洪继任大总统，段祺瑞组织内阁，梁氏则实践初出时的“决不在朝”的宣言，并不担任政务。然不久，却又有一个大变动发生，又将梁氏牵入旋涡，使他再度第三期的政治生涯。

第三期是“复辟战役”时代。当欧战正酣时，中国严守中立，不表示左右袒的态度，虽日本在山东占领了好几个地方，以攻青岛，我们也只是如在日俄战争时代一样地置之不见不闻。到了后来，德国厉行潜水艇海上封锁政策，美国首先提出抗议。中国的抗议也继之而提出。德国方面却置之不理。于是中国便进一步而与德奥绝交，协约国极力劝诱中国也加入战团。梁氏承认这是一个绝好的机会，可以增高中国在国际上的地位，并可以收回种种已失的权利，便极力鼓吹对德奥宣战。他在大战的初期，著《欧洲大战史论》及《欧战蠡测》之时，虽预测德国的必胜，然在这个时候，他已渐渐地瞧透德奥兵力衰竭的情形了。在这个时候，黎元洪与段祺瑞已表示出明显的政争情态。实际上是总统与总理的权限之争，表面上却借了参战问题，做政争的工具，段氏主张参战，黎氏则反对参战。梁氏因段氏的主张与他自己的相投合，便自然地倾向到段氏一方面去。不幸这次的政争愈演愈烈；参战问题始终不能解决，而内政问题却因黎氏的决然免去段职之故而引起了一段意外的波澜。

段氏免职之后，继之而有督军团的会议，而有各省脱离中央的宣告，并有张勋统兵五千入北京，任调停之举。这个“调停军”的内幕，却将黎段两方都蒙蔽了。原来，张勋此来，系受了康有为诸人的怂恿，有拥宣统复辟之意。

黎氏固不及觉察，即段氏也不甚明白。直到张勋到了天津，复辟的空气十分浓厚。他们才十分地惊惶。于是梁氏与熊希龄急急地欲谋补救，宣统复辟于六年七月初成事实。梁氏乃极力地游说段祺瑞，要他就近起来反抗。马厂誓师的壮举，一半是梁氏所怂恿的。梁氏自己也于七月一日发表了一篇反对复辟的通电，持着极显白的反抗态度。他陈说变更国体的利害，十分地恳切动人，较他的《异哉所谓国体问题者》一文尤为直捷痛切。他说："苟非各界各派之人，咸有觉悟，洗心革面，则虽岁更国体，而于政治之改良何与者。若曰建帝号则政自肃，则清季政象何若，我国民应未健忘。今日蔽罪共和，过去罪将焉蔽。况前此承守成余荫，虽委裘犹可苟安，今则师悍士狡，挟天子以令诸侯。谓此而可以善政，则莽卓之朝，应成郅治。似斯持论，毋乃欺天！”这些话，都足以直攻复辟论者的中心而使之受伤致命的。梁氏又说：“启超一介书生，手无寸铁，舍口诛笔伐外，何能为役。且明知樊笼之下，言出祸随，徒以义之所在，不能有所惮而安于缄默。抑天下固多风骨之士，必安见不有闻吾言而兴者也。”然这事不必望之于他人，他自己便已投笔而兴了，他自己已不徒实行着口诛笔伐，而且躬身于“讨伐”之役了。这时，他与康有为已立于正面的对敌地位。自戊戌以后，梁氏与康氏便已貌合神离，为了孔教问题，也曾明显地争斗过。而这次却第二次为了政治问题而破脸了。梁氏自己相信他始终是一位政论家，不适宜于做政治上的实际活动。他非到万不得已的时候，决不肯放下政论家的面目而从事于政治家的活动。这一次，与护法战役之时相同，都是使他忍不住不出来活动的。他带着满腔的义愤，与段祺瑞会见于天津；他说动了段氏，举兵入北京。在这时，似乎也只有段氏一个人比较地可以信托。其他的督军军人们都是首鼠两端的。段氏的崛起，使张勋减少了不少的随从。段氏便很快地得到了成功，扑灭了以张勋、康有为为中心的清帝复辟运动。张、康等皆逃入使馆区域。梁氏在政治上的成功这是第二次。他对于共和政体的拥护，这也是第二次。

段氏复任总理，黎氏退职，由副总统冯国璋就任大总统。段氏既复在位，对德奥宣战，便于那一年的八月十四日实行。梁氏这次并不曾于功成后高蹈而去。他做了段内阁的财政总长（一九一七）。他很想发展他的关于财政上的抱负，然而在当时的局面之下却不容他有什么主张可以见诸实施。不久，他便去职。经过这一次的打击之后，他七年来的政治生涯便真的告了一个终结。自此以后，他便永不曾再度过实际上的政治生活。自此以后，即自戊午（一九一八）冬直到他去世，便入于他的第二期的著述时代。

第二期的著述时代绵亘了十一年

之久。这个时代，开始于他的欧游。一九一八年欧战告终，和会开始。抱世界和平的希望的人很多，梁氏也是其一。他既倦于政治生涯，便决意要到欧洲去考察战后的情形。他于民国七年十二月由上海乘轮动身。他自己说：“我的出游目的，第一件是想自己求一点学问，而且看看这空前绝后的历史剧怎样收场，拓一拓眼界。第二件也因为正在做正义人道的外交梦。以为这次和会，真是要把全世界不合理的国际关系根本改造立个永久和平的基础，想拿私人资格将我们的冤苦，向世界舆论申诉申诉，也算尽一二分国民责任。”（《梁任公近著》第一辑卷上七十三页）在船上，他本着第二个目的，曾做两三篇文章，为中国鼓吹，其中有一篇是《世界和平与中国》，表示中国国民对于和平会议的希望。后来译印英法文，散布了好几千本。他在欧洲，到过伦敦、巴黎，到过西欧战场，到过意大利、瑞士，还到过为欧战导火线之一的亚尔莎士、洛林两州。这一次的旅行，经过了一年多。民国九年春天归国，他自己曾说起对于此行的失望，第一是外交完全失望了，他的出国的第二个目的，最重大的目的，已不能圆满达到；第二是他“自己学问，匆匆过了整年，一点没有长进”。在这一年中，真的，他除了未完篇的《欧游心影录》之外，别的东西一点也没有写；而到了回国以后所著作、所讲述的仍是十几年前《新民丛报》时代，或第一期的著述时代所注意、所探究的东西，一点也没有什么新的东西产生。由此可见他所自述的一年以来“一点没有长进”，并不是很谦虚的话。

然而他回国以后所讲述、所著作的东西，题材虽未超出十几年前《新民丛报》时代所探讨的，在内容上与文字、体裁上却已有了很大的不同了：第一，他如今所研究的较前深入，较前专门；已入于谨慎的细针密缝的专门学者的著作时期，而非复如从前那末样地粗枝大叶、一往无前的少年气盛的态度了。所以《论中国学术思想变迁之大势》的一篇长文，在当时可以二三个月的时间写成之者，如今则不能不慎重地从事；经过了好几年的工夫，还只成了《清代学术概论》的一部（即《中国学术史》第五种），《中国佛教史》（《学术史》第三种）则已半成而又弃去。他自己虽说“欲以一年内成此五部”（《清代学术概论》第二自序），然其他几部却始终不曾出现。其他著作也均有这样的谨慎态度。第二，他的文字已归于恬淡平易，不复如前之浩浩莽莽，有排山倒海的气势，窒人呼吸的电感力了。读《新民丛报》的文字，我们至今还会感到一种兴奋，读近年来的梁氏文字，则如读一般的醇正的论学文字，其所重在内容而不在辞章。第三，他的文章体裁也与从前有了一个很大的变化；从前他是用最浅显流畅的文言文，自创一格的政论式的文言文，来写他的一切著作的；在这个时代，他却用当代流行的国语文，来写他的著作了。由此可见梁氏始终是一位脚力轻健的壮汉，始终能随时代而走的。

但很有些人却说梁任公此后文字的不能动人，完全是因为他抛弃了他所自创的风格而去采用了不适宜于他应用的国语文之故。这当然是一种很可笑的无根据的见解。以梁氏近七八年来的态度与见解，而欲其更波翻云涌地写出前十七八年的《新民丛报》时代的论文，怎么还会可能的呢？且第二期的著述时代的作品也不尽是以国语文写成的。溪水之自山谷陡降也，气势雄健，一往无前，波跳浪涌，水声雷轰，一切山石悬岩，皆只足助其壮威，而不足以阻其前进；及其流到了平原之地，则声息流平，舒徐婉曲，再也不会有从前那末样的怒叫奔腾了。这便是年龄，便是时代，便是他本人的著作态度，使梁氏的文字日就舒徐婉曲的，并没有什么别样的理由。

他从欧洲归后，至民国十一年双十节前，所著述的约有一百万字。他自己曾在《梁任公近著》第一辑的序中统计过："已印布者，有《清代学术概论》约五万言，《墨子学案》约六万言，《墨经校释》约四万字，《中国历史研究法》约十万言，《大乘起信论考证》约三万言。又三次所辑讲演集约共十余万言。其余未成或待改之稿有《中国韵文里头所表示的情感》约五万言，《国文教学法》约三万言，《孔子学案》约四万言，又《国学小史稿》，及《中国佛教史稿》全部弃却者各约四万言，其余曾经登载各日报及杂志之文，约三十余万言，辄辑为此论，都合不满百万言，两年有半之精神，尽在是矣。”

此时以后的著作，则有《陶渊明》（单行）、《戴东原先生传》、《戴东原哲学》、《人生观与科学》、《近代学风之地理的分布》、《说方志》、《国学入门书要目及其读法》等等。尚有《中国文化史》的未定稿一篇、《社会组织篇》，亦已印行。

综观这个“第二著述时代”的梁

氏的著作，其研究的中心有四。第一，是对于佛教的研究。这是他将十几年前的《论中国学术思想变迁之大势》中，关于佛教的一部分放大了的。他的《中国佛教史》虽未完成，然已有好几篇很可观的论文告毕的了；如在庚申（一九二〇）所写的《佛教之初输入》、《二千五百年前之中国留学生》、《佛教与西域》、《印度史迹与佛教之关系》、《佛典之翻译》、《翻译文学与佛典》等皆是；其所着意乃在于“佛教的输入”史一部分。在这部分上，他的研究确是很深邃的，其材料也大都是他辛苦收集得来的。与前十几年之稗贩日本人的研究结果的文字完全不同。第二年（一九二一），他在南京东南大学讲演，同时又到支那内学院，研究佛教经典。《大乘起信论考证》即作于是年。壬戌（一九二二），又写了一篇《印度与中国文化之亲属的关系》，可以说是研究佛教的余波。

第二，是对于先秦诸子的研究。这也是将"中国学术思想变迁"中关于先秦思想的一部分放大了的。然其研究的面目，与前也已十分地不同。庚申（一九二〇）年写成的有《老子哲学》、《墨子年代考》、《墨经校释》等，第二年（辛酉）又写成《墨子学案》一书。梁氏对于墨子本来研究得很深。从前有过一部《墨学微》出版。这一次的研究，则"与少作全异其内容"。《先秦政治思想史》则出版于壬戌年。

第三，是对于清代学术思想的研究。这也是将《论中国学术思想变迁之大势》一文中，关于清代学术的一部分加以放大的。在这一方面，他自己说：“余今日之根本观念，与十八年前无大异同，惟局部的观察，今视昔似较为精密。且当时多有为而发之言，其结论往往流于偏至；——故今全行改作，采旧文者什一二而已。”（《〈清代学术概论〉自序》）《清代学术概论》出版于庚申，是他对于清代学术的有系统的一篇长论，但多泛论，没有什么深刻的研究的结果。独有对于康有为及他自己今文运动的批评，却是很足以耐人寻味的。此外对于戴东原的研究也是他的一个专心研究的题目。《戴东原先生传》、《戴东原哲学》、《戴东原著述纂校书目考》（皆作于癸亥）都是他研究的结果。又有《明清之交中国思想界及其代表人物》（甲子）及《颜李学派与现代教育思潮》（癸亥）亦可归入这一类。

第四，是对于历史的研究。这又是将十几年前他所作的《新史学》等文放大的。关于这一方面，所作有《近代学风之地理的分布》（甲子）、《中国历史上民族之研究》（壬戌）、《历史统计学》（壬戌）、《中国历史研究法》（壬戌）、《说方志》（甲子）等。《中国历史研究法》是他的《中国文化史》稿的第一篇。他的《中国文化史》，其规模较他的《中国学术史》为尤大。除此作外，尚成有一部《社会组织篇》，惟未公开发表。

这些都是与他十几年前的研究有很密切的关系的。所以我们可以说第二期著述时代的梁任公作品，都不过是第一期著述时代的研究的加深与放大而已。但也有一部分轶出于这个范围之外：一是几篇关于人生观与科学（癸亥）的论文，二是几篇对于中国诗歌的研究，如《屈原研究》、《情圣杜甫》、《陶渊明》、《中国韵文里头所表示的情感》（皆作于壬戌）等等。他的关于时事论文，这时所作很少。真可以说是实践他前几年在《吾今后所以报国者》一文中所说的“吾自今以往，不愿更多为政谭。非厌倦也，难之，故慎之也。政谭且不愿多作，则政团更何有。”而未能实践的话。

他在卒前的二三年，虽仍在清华学校讲学不辍，然长篇巨著的发表已绝少。最后的几年，可以说是他生平最消沉的时代。这一半是因为他的夫人李氏在民国十六年得病而死，他心里很不高兴，一半也因为他自己有病，虽曾到北平的一家医院里割去过一只内肾，而病仍未痊愈，最后还是因此病死去。他自己说：

我今年受环境的酷待，情绪十分无俚。我的夫人从灯节起，卧病半年，到中秋日，奄然化

> 去。她的病极人间未有之痛苦，自初发时，医生便已宣告不治。半年以来，耳所触的只有病人的呻吟，目所接的只有儿女的涕泪。丧事初了，爱子远行，中间还夹着群盗相噬，变乱如麻，风雪蔽天，生人道尽。块然独坐，几不知人间何世。哎，哀乐之感，凡在有情，其谁能免。平日意态活泼兴会淋漓的我，这会嗒然气尽了。（《痛苦中的一点小玩意儿》）

以后几年，他的意绪似还未十分地恢复。但他究竟是一位强者，虽在这种“嗒然气尽”的环境，仍还努力地工作着。他在病中还讲学，还看书，还著书。临死前的数月，专以词曲自遣。拟撰一部《辛稼轩年谱》。在医院中还托人去搜觅关于辛稼轩的材料。忽得《信州府志》等书数种，便狂喜携书出院，仍继续他的《辛稼轩年谱》的工作。然他的病躯已不能再支持下去了。今年一月十九日，梁氏便卒于北平医院里。《辛稼轩年谱》成了他的未完工的一部最后著作。

三　梁任公之政治

每个人都有自知之明；然真能深知灼见他自己的病根与缺点与好处之所在的，却不很多；每个人都能够于某一个时候，坦白披露他自己的病根，他自己的缺点，他自己的好处；然真能将自己的病根与缺点与好处分析得很正确，很明白，而昭示大众，一无隐讳的，却更不多。梁任公先生便是一位真能深知灼见他自己的病根与缺点与好处的，便是一位真能将他自己的病根与缺点与好处分析得很正确，很明白，而昭示大众，一无隐讳的。世人对于梁任公先生毁誉不一；然有谁人曾将梁任公骂得比他自己所骂得更透彻更中的的么？有谁人曾将梁任公恭维得比他自己所恭维得更得体、更恰当的么？一部传记的最好材料是传中人物的自己的记载，同此，一篇批评的最好材料，也便是被批评者对于他自己的批评。这句话，在别一方面或未能完全适合，然论到梁任公，却是再恰当也没有的了。

梁任公最为人所恭维的——或者可以说，最为人所诟病的——一点是“善变”。无论在学问上，在政治活动上，在文学的作风上都是如此。他在很早的时候曾著一篇《善变之豪杰》（见

《饮冰室自由书》），其中有几句话道："语曰，君子之过也，如日月之食焉，人皆见之，及其更也，人皆仰之。大丈夫行事磊磊落落，行吾心之所志，必求至而后已焉。若夫其方法，随时与境而变，又随吾脑识之发达而变，百变不离其宗。"他又有一句常常自诵的名语，是"不惜以今日之吾与昨日之吾宣战"。我们看他，在政治上则初而保皇，继而与袁世凯合作，继而又反抗袁氏，为拥护共和政体而战，继而又反抗张勋，反抗清室的复辟；由保皇而至于反对复辟，恰恰是一个对面，然而梁氏在六七年间，主张却已不同至此。这难道便是如许多人所诟病于他的"反复无常"么？我们看他，在学问上则初而沉浸于词章训诂，继而从事于今文运动，说伪经，谈改制，继而又反对康有为氏的保教尊孔的主张，继而又从事于介绍的工作，继而又从事于旧有学说的整理；由主张孔子改制而至于反对孔教，又恰恰是一个对面，然而梁氏却不惜于十多年间一反其本来的见解。这不又是世人所讥诮他的“心无定见”么？然而我们当明白他，他之所以“屡变”者，无不有他的最强固的理由，最透彻的见解，最不得已的苦衷。他如顽执不变，便早已落伍了，退化了，与一切的遗老遗少同科了；他如不变，则他对于中国的贡献与劳绩也许要等于零了。他的最伟大处，最足以表示他的光明磊落的人格处便是他的“善变”，他的“屡变”。他的“变”，并不是变他的宗旨，变他的目的；他的宗旨，他的目的是并未变动的；他所变者不过方法而已，不过“随时与境而变”，又随他“脑识之发达而变”其方法而已。他的宗旨，他的目的便是爱国。“其方法虽变，然其所以爱国者未尝变也。”凡有利于国的事，凡有益于国民的思想，他便不惜“屡变”，而躬自为之，躬自倡导着。惟其爱的是国，所以他生平“最爱平和惮破坏”（《盾鼻集·在军中敬告国人》）。所以他在辛亥时代则怕因变更国体之故而引起剧战；在民国元二年之交，则又“惧邦本之屡摇，忧民力之徒耗”而不惜与袁世凯合作。惟其爱的是国，所以他不忍国体屡更，授野心家以机会，所以他两次为共和而战，护国体，即所以护国家。惟其爱的是国，所以他竭力地说明保国与保教的不同，而力与他自己前几年的主张相战。他在《保教非所以尊孔论》的前面，有过一段小引：

> 此篇与著者数年前之论相反对，所谓我操我矛以伐我者也。今是昨非不敢自默。其为思想之进步乎，抑退步乎？吾欲以读者思想之进退决之。

以梁氏思想与主张之屡变而致此讥诮的，我也不知道他们的思想到底是“进步乎，抑退步乎”？

梁氏是一位感觉最灵敏的人，是一位感情最丰富的人，所以四周环境里一有显著的变动，他便起而迎之，起而感应之。这又是他的“善变”的原因之一。例如，一件极小的事，前几年的“人生观与科学”的论战，他的朋辈有一部分加入，他便也不由自主地而卷入这个争论的旋涡中。前几年有几个人在开列着国学书目，在研究着墨子、戴东原、屈原、印度哲学，他便也立刻地引起了他所久已放弃了的研究这些题目的兴致。

梁氏又是一位极能服善的人，他并不谬执他自己的成见；他可以完全抛弃了他自己的主张，而改从别人的。这大约又是他的“善变”的原因之一。他本治戴、段、王考证，及见康有为，则“尽弃所学而学焉”。到了日本之后，他见到日本人的著作，则又倾向于他们而竭力地去汲引了他们过来。当他中年以后，国语文的采用，成了必然的趋势。虽然一般顽执者竭全力以反对之，他却立刻便采用国语文以写他的文章，一点也不吝惜地舍去了他的政论式（或策论的，或《新民从报》式的）已成为一大派别的文体。这可见他的精神是如何地博大，他的见解如何地不粘着。

梁氏还有一个好处或缺点——大多数人却以为这是他的最可诟病之缺点——便是“急于用世”，换一句话，说得不好听一点，便是“热中”。他在未受到政治上的种种大刺激之前，始终是一位政治家，虽然他晓得自己的短处，说是不适宜于做政治活动。然在七年十二月之前，哪一个时候不在做着政治的活动，不在过着政治家的生涯。戊戌不必说，民元二年不必说，民五六七年不必说，即在留居日本的时候，办《清议报》，办《新民丛报》，办《国风报》，还不都在做着政治活动么？到澳洲，到美洲，到菲律宾，还不都在做着政治活动么？即民七年到欧洲去，还不带有一点政治的意味么？《新民丛报》时代，论学之作虽多，然其全力仍注意在政治上。他自己有以下一段话最足以表现他的政治生涯：

吾二十年来之生涯，皆政治

生涯也。吾自距今一年前，虽未尝一日立乎人之本朝。然与国中政治关系，殆未尝一日断。吾喜摇笔弄舌，有所论议。国人不知其不肖，往往有乐倾听之者。吾学问既谫薄，不能发为有统系的理想，为国民学术辟一蹊径。吾更事又浅，且去国久，而与实际之社会阂隔，更不能参稽引申，以供凡百社会事业之资料。惟好攘臂扼腕以谭政治。政治谭以外，虽非无言论，然匣剑帷灯，意固有所属。凡归于政治而已。吾亦尝欲藉言论以造成一种人物。然所欲造成者，则吾理想中之政治人物也。（《吾今后所以

报国者》）

惟其对于政治这样地“热中”，所以他一有机会，便想出来做一点事，为国家做一点事。政治上的活动人物，有两种不同之型式，一种是革命者，一种是改良者。革命者有他的政纲，有他的主义，他是要彻底改革的，他是要彻底建设的。改良者则不然，他不见得有具体的政纲，不见得有一成不变的主义，他不想破坏现状，他没有打倒了一个旧的创出一个新的的雄心，他只欲在现状之下，使他尽量地改良，尽量地做一点好事。非万不得已，他决不肯去推翻已成的势力。因为他相信有所凭藉而做事，每是牺牲最少而成功最易的。梁任公便彻头彻尾是这样的一位改良派的政治家。传说中的伊尹，五就桀、五就汤，古传中的孔子，一日不得其君，则惶惶然若不可终日，皆是这个型式中的人物。梁氏既是一位改良者，所以他在辛亥革命成功以前便反对革命而主张君主立宪；在袁世凯未露逆谋之前，便始终以为他还是可以与之为善的；在段祺瑞最无忌惮的时代，便也未觉得他是绝望了的。总之，他是竭力欲出来做一点好事的。现状的能否根本推倒原是很渺茫的，所以还是就现状之下，而力谋补助，力求改良，力求做一点好事，即仅仅是一点也是好的。像这样地“热中”下去，当然未免有“不择人而友”之讥。然而他的心却是热烈的，却是光明的，却是为国的；即在与最不堪为伍的人为伍时，我们也还该原谅他几分。比之一事不做的处士，贪污坏事的官吏，其善不肖为何如。何况梁氏也曾两次放下了他的改良者的面目，为正义自由，为国体人格而战，已足一洗其政治上的温情主义者或容忍主义者之耻呢！

四 梁任公之治学

在学术上，梁氏对于他自己的成就也有很正确的分析与批判。他的话是那样地坦白可喜，竟使我们无从于此外再赞一辞：

> 启超之在思想界，其破坏力确不小，而建设则未有闻。晚清思想界之粗率浅薄，启超与有罪焉。启超常称佛说，谓："未能自度，而先度人，是为菩萨发

心。”故其生平著作极多，皆随有所见，随即发表。彼尝言：“我读到‘性本善’，则教人以‘人之初’而已。”殊不思“性相近”以下尚未读通，恐并“人之初”一句亦不能解；以此教人，安见其不为误人。启超平素主张，谓须将世界学说为无限制的尽量输入，斯固然矣；然必所输入者确为该思想之本来面目，又必具其条理本末，始能供国人切实研究之资；此其事非多数人专门分担不能。启超务广而荒，每一学稍涉其樊，便加论列；故其所述著，多模糊影响笼统之谈，甚者纯然错误；及其自发现而自谋矫正，则已前后矛盾矣。平心论之，以二十年前思想界之闭塞萎靡，非用此种卤莽疏阔手段，不能烈山泽以辟新局；就此点论，梁启超可谓新思想界之陈涉。……启超与康有为有最相反之一点，有为太有成见，启超太无成见，其应事也有然，其治学也亦有然。有为常言："吾学三十岁已成，此后不复有进，亦不必求进。"启超不然，常自觉其学未成，且忧其不成，数十年日在旁皇求索中。故有为之学，在今日可以论定；启超之学则未能论定。然启超以太无成见之故，往往徇物而夺其所守；其创造力不逮有为，殆可断言矣。启超“学问欲”极炽，其所嗜之种类亦繁杂，每治一业，则沉溺焉，集中精力，尽抛其他；历若干时日，移于他业，则又抛其前所治者。以集中精力故，故常有所得；以移时而抛故，故入焉而不深。彼尝有诗题其女令娴《艺蘅馆日记》云：“吾学病爱博，是用浅且芜，尤病在无恒，有获旋失诸。百凡可效我，此二无我如。”可谓有自知之明。（《清代学术概论》第一百四十七至一百四十九页）

他因为“爱博”，所以不能专，

不能深入，因为他“每一学稍涉其樊，便加论列”，所以“浅且芜”的弊，也免不了。然而他究竟是中国“新思想界之陈涉”，虽未必有精湛不磨的成功，然他的筚路蓝缕，以开荒荆的功绩已经不小了。且他还不仅仅为一个陈涉而已，他的气势的阔大，规模的弘博，却竟有点像李世民与忽必烈，虽未及建国立业，其气势与规模已足以骇人了。他在政治上虽是一位温情主义的改良论者，野心一点也不大，然在学术上，他却是一位虎视眈眈的野心家。他不动手则已，一动手便有极大的格局放在那里；不管这个格局能否计划得成功。他喜于将某一件事物，某一国学术作一个通盘的打算，上下古今地大规模地研究着，永不肯安于小就，作一种狭窄专门的精密工作。例如，他要论中国的学术，便写了一篇《论中国学术思想变迁之大势》，要论中国的民族，便写了一篇《历史上中国民族之观察》，要对于“国学”有所讲述，便动手去写一篇《国学小史》，要对于中国民族的文化有所探究，便又动手去写《中国文化史》。这些都是极浩瀚的工作，然而他却一往无前地做去；绝不问这个工作究竟有无成功的可能。他的《中国学术史》，据他的计划要分为五部分，其一：先秦学术，其二：两汉六朝经学及魏晋玄学，其三：隋唐佛学，其四：宋明理学，其五：则为清学。他的《国学小史》为民九在清华学校的课外讲演；

五十次的讲述，讲义草稿盈尺。我们未见此稿，不知内容究竟如何，然即就其论墨子的一部分（已印行，即《墨子学案》）而观之，已可想见其全书内容的如何弘博了。最可骇人的还有他的《中国文化史》的计划；他为了要写此书，特地先写了一篇极长的叙论印行，名为《中国历史研究法》。在他的已成的《中国文化史》本文的一小部分社会组织篇上，我们又见到他的《中国文化史》的全部计划。这个文化史，范围极为广大，凡分三部，二十九篇，上自叙述历史事实的《朝代篇》，下至研究图书的印刷、编纂、收藏的《载籍篇》，凡关于中国的一切事物，几无不被包括在内。现在且钞录其全目于下：

第一部

《朝代篇》（神话及史阙时代，宗周及春秋，战国及秦，两汉，三国南北朝，隋唐及五代，宋辽）

《种族篇》上（汉族之成分，南蛮诸族）

《种族篇》下（北狄诸族，东胡诸族，西羌诸族）

《地理篇》（中原，秦陇，幽并，江淮，扬越，梁益，辽海，漠北，西域，卫藏）

《政制篇》上（周之封建，秦之郡县，汉之郡国及州牧，三国南北朝之郡县及诸镇，唐之郡县及藩镇，唐之藩属统治法，宋之郡县及诸使，元之行省及封建，明清之行省及封建，清之藩属统治法，民国之国宪及省宪）

《政制篇》下（政枢机关之制度及事实上之沿革，政务分部之沿革，监察机关之沿革，清末及民国之议会，司法机关，政权旁落之变象）

《舆论及政党篇》（历代舆论势力消长概观，汉之党锢，宋之王安石及司马光，明之东林复社，清末及民国以来所谓政党）

《法律篇》（古代法律蠡测，自战国迄清中叶法典编纂之

沿革，汉律，唐律，明清律例及会典，近二十年制律事业）

《军政篇》（兵制沿革，兵器沿革，战术沿革，历代大战比较观，清末及民国军事概说，海军）

《财政篇》（力役及物贡，租税，专卖，公债，支出分配，财政机关）

《教育篇》（官学及科举，私人讲学，唐宋以来之书院，现代之学校及学术团体）

《交通篇》（古代路政，自汉迄清季驿递沿革，现代铁路，历代河渠，海运之今昔，现代邮电）

《国际关系篇》（历代之国际及理藩，明以前之欧亚关系，唐以后之中日关系，明中叶以来之中荷中葡关系，清初以来之中俄关系，清中叶以来之中英中法关系，清末以来之中美关系）

第二部

《社会组织篇》（母亲，婚姻及家族，宗法及族制，阶级，乡治，都市）

《饮食篇》（猎牧耕三时代，肉食，粒食，副食，烹饪，麻醉品，米盐茶酒烟之特别处理）

《服饰篇》（蚕丝，卉服，皮服，装饰，历代章服变迁概观）

《宅居篇》（有史以前之三种宅居，上古宫室蠡测，中古宫室蠡测，西域交通与建筑之影响，室内陈设，城垒，井渠）

《考工篇》（石铜铁器三时代，漆工，陶工，冶铸，织染，车，舟，文房用品，机械，现代式之工业）

《通商篇》（古代商业概观，战国秦汉间商业，汉迄唐之对外商业，唐代商业，宋辽金元明间商业，恰克图条约以后之对外商业，南京条约以后之对外商

业，近代国内商业概观）

《货币篇》（金属货币以前之交易媒介品，历代圜法沿革，金银，纸币，最近改革币制之经过，银行）

《农事及田制篇》（农产物之今昔观，农作技术之今昔观，荒政，屯垦，井田均田之兴废，佃作制度杂观，森林）

第三部

《言语文字篇》（单音语系之历史的嬗变，古今方言概观，六书之孳乳，文字形体之蜕变，秦汉以后新造字，声与韵，字

母，汉族以外之文字，近代之新字母运动）

《宗教礼俗篇》（古今之迷信，阴阳家言及谶纬家言，道教之兴起及传播，佛教信仰之史的观察，摩尼教，犹太教之输入，回教之输入，基督教之输入及传播，历代祀典及淫祀，丧礼及葬礼，时令与礼俗）

《学术思想篇》上（古代学术思想之绍述机关，思想渊源，儒家经典之成立，战国时诸子之勃兴，西汉时儒墨道名法阴阳六家之废兴及蜕变，西汉经学，南北朝隋唐经学，佛典之翻译，佛学之宗派，儒佛道之诤辩与会

通，宋元理学之勃兴，程朱与陆王，清代之汉学与宋学，晚清以来学术思想之趋势）

《学术思想篇》下（史学，考古学，医学，历算学，其他之自然科学）

《文学篇》（散文，诗骚及乐府，词，曲本，小说）

《美术篇》（绘画，书法，雕塑，建筑，刺绣）

《音乐篇》（乐律，古代音乐蠡测，汉后四夷乐之输入，唐之雅乐清乐燕乐，唐宋间乐调之变化，元明间之南北曲，乐器，乐舞，戏剧）

《载籍篇》（古代书籍之

传写装潢，石经，书籍印刷术之发明及进步，活字板，汉以来历代官家藏书，明以来私家藏书，类书之编纂，丛书之辑印，目录学，制图，拓帖）

中国文化史究竟是不是这样的编著方法，我们且不去管他；即我们仅见此目，已知他的著书的胆力之足以“吞全牛”了。但因为他的规模过于弘伟之故，所以他的著作，往往是不能全部告成的；中国文化史固已成了“广陵散”，即比较规模较小的《中国学术史》也因了此故而迄不能成功。这当然是很可悼惜的事，在这一方面，我们不禁要想起了著《通志》的郑樵。郑樵的野心正与梁氏不相上下；他的《通志》恰好是《中国文化史》的一个绝妙的对照。然而郑樵却成功了；梁氏则半因爱博无恒，半因“屡为无聊的政治活动所牵率，耗其精而荒其业”，终于成了一个未能成功的郑夹漈！我们在此，不仅为梁氏惜，也要为中国学术界惜。这部大著作假如告成，即使有了千万则的缺漏以及一切的芜浅，对于中国读者也是极有益的；他所要做到的至少是将专门的学问通俗化了，是将不易整理就绪的材料排比得有条理了。这样的一部书，即在今日或明日专门学者如林的时代也不会全失去他的读者的。

五　梁任公之文学

最后，我们还应该提到他在文学上的成功。我在上文已经说起过，他是一位最好的新闻记者。日报上的时论未必可存，新闻记者的文章，够得上文学史的齿及的也很不多见。然而最好的新闻记者，却往往同时是一位上等的文学者；像爱迭生（Addison），像麦考莱（Macaulay），像威尔斯（H.G.Wells）诸人都是这样。梁任公先生当然也是这种少数的新闻记者中的一位。梁氏在他的《饮冰室文集》第一次出版时，曾有一序，很谦逊地说起像他那样的时论是不足存的。他说道："吾辈之为文，岂其欲藏之名山，俟诸百世之后也，应于时势，发其胸中所欲言。然时势逝而不留者也，转瞬之间悉为刍狗。况今日天下大局，日接日急，好转巨石于危崖，变异之速，匪翼可喻。今日一年之变率，视前此一世纪犹或过之，故今之为文，只能以被之报章，供一岁数月之遒铎而已。过其时则以覆瓿焉可也。"然他虽是这样地自谦，他的散文却很有可存的价值；时代过去了，他所讨论的问题已不成问题了。然而他的《变法通议》诸作至今读之，则还有一种动人的魔力。这便是他的散文可存的一个要证。他在《清代学术概论》上对于他自己的文字，也有一段很公平的批判：

启超夙不喜桐城派古文；幼年为文，学晚汉魏晋，颇尚矜炼；至是自解放，务为平易畅达，时杂以俚语韵语及外国语法，纵笔所至不检束；学者竞效之，号新文体。老辈则痛恨，诋为野狐。然其文条理明晰，笔锋常带情感，对于读者别有一种魔力焉。（一百四十二页）

他的散文，平心论之，当然不是晶莹无疵的珠玉，当然不是最高贵的美文，却另自有他的价值。最大的价值，在于他能以他的“平易畅达，时杂以俚语韵语及外国语法”的作风，打倒了所谓恹恹无生气的桐城派的古文，六朝体的古文，使一般的少年们都能肆笔自如，畅所欲言，而不再受已僵死的散文套式与格调的拘束；可以说是前几年的文体改革的先导。在这一方面，他的功绩是可以与他的在近来学术界上所造的成绩同科的。黄遵宪在诗歌方面，曾做着这种同样的解放的工作，然梁氏的影响似为更大，这因散文的势力较诗歌为更大之故。至于他的散文的本身，却是时有芜句累语的；他的魔力足以迷惑少年人，一过了少年期，却未免要觉得他的文有些浅率。他批评龚自珍的文说：

“初读定庵文集，若受电然。稍进乃厌

其浅薄。”这种考语，许多批评者也曾给过梁氏他自己。

梁氏所作，以散文为主，诗歌不很多；连词、曲、传奇总计之，尚不及一册。他根本上不是一位诗人。然他的诗歌也自具有一种矫俊不屈之姿，也自具有一种奔放浩莽、波涛翻涌的气势，与他的散文有同调。他喜欢放翁的诗，稼轩的词，而他的诗词也实际上很受他们的影响。姑举一首《志未酬》为例：

志未酬，志未酬；问君之志几时酬？志亦无尽量，酬亦无尽时。世界进步靡有止期，吾之希望亦靡有止期；众生苦恼不断如乱丝，吾之悲悯亦不断如乱丝。

登高山复有高山，出瀛海更有瀛海。任龙腾虎跃以度此百年兮，所成就其能几许。虽成少许，不敢自轻，不有少许兮，多许奚自生。但望前途之宏廓而寥远兮，其孰能无感于余情。吁嗟乎，男儿志兮天下事，但有进兮不有止。吾志已酬便无志。

本文以此诗为结束，并不是偶然的；“男儿志兮天下事，但有进兮不有止”，这两句诗已足够批评梁氏的一生了。

一九二九年二月作于上海

（录自郑振铎《中国文学研究》卷五）

出版说明

“新编历史小丛书”承自上世纪60年代吴晗策划的“中国历史小丛书”，其中不少名家名作是已经垂之经典的作品，一些措辞亦有写作伊初的时代特征。为了保持其原有版本风貌，再版过程中不做现代汉语的规范化统一。读者阅读时亦可从中体会到语言变化的规律。

新编历史小丛书编委会

图书在版编目（CIP）数据

梁启超 / 郑振铎著. — 北京：北京人民出版社，2019.5
（新编历史小丛书）
ISBN 978-7-5300-0420-3

Ⅰ. ①梁… Ⅱ. ①郑… Ⅲ. ①梁启超（1873-1929）—传记 Ⅳ. ①B259.1

中国版本图书馆 CIP 数据核字（2019）第 050056 号

责任编辑　王铁英
责任印制　陈冬梅

新编历史小丛书

梁启超
LIANG QICHAO
郑振铎 著

出　　版　北京出版集团公司
　　　　　北京人民出版社
地　　址　北京北三环中路 6 号
邮　　编　100120
网　　址　www.bph.com.cn
总 发 行　北京出版集团公司
印　　刷　北京汇瑞嘉合文化发展有限公司
经　　销　新华书店
开　　本　880 毫米 ×1230 毫米　1/32
印　　张　3.5
字　　数　26.3 千字
版　　次　2019 年 5 月第 1 版
印　　次　2019 年 5 月第 1 次印刷
书　　号　ISBN 978-7-5300-0420-3
定　　价　18.00 元

如有印装质量问题，由本社负责调换
质量监督电话　010-58572393